Venezuela

EL HOLOCAUSTO DEL SIGLO XXI

MARYRENE GOMEZ

VENEZUELA: The Holocaust of the 21st Century

ISBN: 9781697456493

DEDICATORIA

Dedico este libro a todos los venezolanos que han derramado su sangre por la libertad, a nuestros valientes estudiantes, nuestros presos políticos, nuestras mujeres hermosas y valientes, nuestras madres, abuelas y abuelos y a esos dulces angelitos que han tenido que abandonar esta tierra por culpa de las acciones del actual régimen de Venezuela.

Lo dedico muy espcialmente a mi padre Oscar Gomez y a mi madre Carmen Griman por su amor y apoyo.

CONTENIDO

CAPITULO 8

CAPITULO 9

CAPITULO 10

PROLOGO

Decidí escribir este libro por amor a mi país y para contar la historia de la crisis humanitaria que vive actualmente mi querida Venezuela.

Cuando era una niña, como muchas personas que crecieron luego de la segunda Guerra mundial, iba al cine a ver películas y escuchaba historias sobre la Guerra y el Holocausto. El exterminio de seis millones de judíos y otros cinco millones de personas afectadas por el régimen de locura e injusticia de Hitler, fue un símbolo de que el mal realmente puede florecer en este mundo.
Yo era solo una niña, lejos por el tiempo y la geografía, pero ver las películas y escuchar las historias fue suficiente para mí y para la mayoría de las personas a través del mundo para sentir la rabia y el dolor por el sufrimiento de las víctimas. Nunca, ni en mis peores pesadillas, imaginé que muchos años después, ya al final del siglo 20, sería testigo de un horror similar. La escala no es la misma pero los métodos y la injusticia son increíblemente similares.

El asesinato de mis hermanos y hermanas está ocurriendo ahora, en mi querida Venezuela, mi amada patria, mientras otro régimen de terror aniquila a su propia gente por poder y ambición.

Ahora el mundo es testigo de nuevo… pero no lo observa a través de películas en blanco y negro sino piden ayuda a través de la televisión en directo y transmisiones en vivo en las redes sociales.

Escribo este libro para todos mis queridos hermanos y hermanas venezolanos. Para todos los niños, madres, padres, estudiantes, presos políticos, librepensadores, todas las personas inocentes que han derramado su sangre en las calles de Venezuela.

¡Este libro está escrito para honrar y recordar a todos los héroes que murieron por la libertad!

CAPITULO 1

Un país que Dios llamó Venezuela

Yo tuve la gracia de nacer en Santiago de León de Caracas, como es el nombre original de la ciudad que ahora conocemos simplemente como Caracas, un lugar hermoso e idílico. Tengo muchos recuerdos maravillosos, creciendo frente a las montanas del Ávila y el valle de Caracas. También, al vivir cerca del mar Caribe, recuerdo que íbamos de vacaciones a destinos paradisiacos y encantadores por eso hasta el día de hoy me encanta la playa.

Mi país posee todo lo que la naturaleza puede ofrecer: bosques, granjas, playas vírgenes, desiertos, magnificas montañas nevadas y por supuesto, las mayores reservas de petróleo del mundo. La selva amazónica, que es el pulmón del mundo, está allí, así como nuestro majestuoso Salto Ángel, la cascada más alta del mundo, y los Tepuyes, que son las formaciones de rocas más antiguas del planeta donde vive el pueblo Pemón. Hay sinuosos ríos, hermosas Sabanas con caballos y ganado pastando y las maravillosas caídas de sol como si fuera la paleta de un pintor extraordinario. Y, por supuesto, la gente local, siempre con una sonrisa encantadora en sus rostros, muy abierta y gentil. Así es como lo recuerdo.

Invasión cubana fallida en 1967

Los primeros destellos de problemas comenzaron con un pequeño incidente a finales de los años sesenta. El incidente de Machurucuto fue una breve batalla militar librada entre el ejercito Nacional de Venezuela y la Guardia Nacional contra espías guerrilleros comunistas. La guerrilla había completado el entrenamiento paramilitar en Cuba para poder reclutar combatientes de la región de los Andes Venezolanos para derrocar al presidente del momento, Raúl Leoni.

El 10 mayo de 1967, una docena de guerrilleros comunistas y espías cubanos en dos balsas desembarcaron en Venezuela en la playa de Machurucuto. Mientras se preparaba para desembarcar, una de las balsas volcó ahogando a un guerrillero. El ejercito y la Guardia Nacional fueron advertidos por un pescador que vio las dos balsas y notificó a las fuerzas armadas. Finalmente descubrieron y atacaron a los guerrilleros en la noche del 10 de mayo y la batalla duró hasta la mañana del 11 de mayo. En la lucha, diez guerrilleros fueron asesinados y dos capturados. Poco después, el gobierno del presidente Raúl Leoni realizó una conferencia de prensa denunciando la agresión cubana contra Venezuela y mostrando a los dos cubanos capturados. Cuba no reconoció la acción a pesar de que la investigación sobre las armas AK-47 en posesión de la guerrilla fueron identificadas como armas vendidas por los checos a Cuba. El gobierno de Venezuela rompió todas sus relaciones con Cuba después del incidente y no tuvo más relaciones con Cuba hasta mediados de los años setenta.

Entonces, ¿Por qué Cuba estaba ofreciendo entrenamiento paramilitar completo a la guerrilla en los Andes venezolanos para tratar de derrocar al presidente de turno, Raúl Leoni? En mi opinión fue porque para Fidel Castro Venezuela era el mítico Dorado: un país con riquezas incalculables que querían preparar para ser tomado. Era su deseo robar, matar, despojar e implementar un régimen de hambre y terror como lo había hecho en Centroamérica. Finalmente, la visión de Fidel Castro se haría realidad muchos años después para constituir la peor pesadilla del pueblo venezolano: ¡veintiún años de comunismo, destrucción total!

La historia se repite

Pero esta historia no es nueva, guerras, desigualdades sociales, manipulaciones de poder… son como reflejos en un salón de espejos, que se repiten sin cesar con ligeras variaciones. Los nombres pueden cambiar, pero las imágenes son más o menos iguales. ¿Cómo se levantó Hitler en 1919, Mussolini en 1922, Fidel Castro en 1926, Stalin en 1924, Pinochet en 1973, Chávez en 1998? Podríamos agregar a Raúl Castro a la lista y ahora mas recientemente a Maduro.

¿Cómo comenzaron y justificaron todos estos dictadores sus ascensos al poder? Quizás, simplemente estaban motivados por su resentimiento hacia la sociedad. O pensaron que el mundo y la humanidad les debían algo y, por lo tanto, pudieron regocijarse en sus actos egoístas y asesinatos. Pero el hilo conductor fueron sus numerosos actos de violencia y ataques contra opositores políticos que caracterizaron a todos estos regímenes.

Mussolini afirmó públicamente el derecho de los fascistas a gobernar el reino de Italia, el 28 de octubre de 1922 en la famosa "Marcha sobre Roma", una manifestación masiva organizada. Culminó cuando el rey Víctor Emanuel III sin oponerse nombra a Mussolini como primer ministro italiano, transfiriendo el poder político a los fascistas sin conflicto armado. Mussolini nombró un nuevo gobierno con poderes absolutos, negando la voz a los partidos de oposición. Sus "Camisas Negras" fueron institucionalizadas, formando así la Milicia Voluntaria para la Seguridad Nacional. Estos "Camisas Negras" fascistas participaron activamente en la represión violenta del movimiento obrero ya que los sindicatos se disolvieron y los alcaldes de izquierda renunciaron.

En 1940, bajo el gobierno fascista de Mussolini, Italia entró en la Segunda Guerra Mundial como un aliado de la Alemania nazi. Hitler admiraba mucho a Mussolini e incluso modeló su 'Beer Hall Putsch', el intento fallido de golpe de estado de 1923 inspirándose en la Marcha sobre Roma.

Después de la derrota de Alemania, Mussolini intentó escapar a Suiza, pero fue capturado y ejecutado el 28 de abril de 1945. Su cuerpo fue trasladado a Milán, donde fue insultado y colgado boca abajo, como un gesto de humillación y venganza y para la confirmación pública de su muerte.

CAPITULO 2

Los chavistas imitan el modelo Hitler - Mussolini

Las atrocidades que vive Venezuela se comparan con el genocidio provocado por Hitler, Mussolini y sus secuaces.

Bajo el régimen Chavista, Venezuela está sumida en una tragedia humanitaria sin precedentes con la destrucción total del estado de derecho, la libertad de prensa, la destrucción de las industrias, el robo de la riqueza nacional y la venta y distribución de las inmensas riquezas de nuestro país a "El mejor postor". Este saqueo de los recursos de Venezuela está produciendo escasez, hambre, pobreza, falta de medicamentos y fallas en el sistema hospitalario. La mayoría de las industrias manufactureras y la producción han sido diezmadas, incluida la industria petrolera que han entrado en crisis.

En 2018, los venezolanos perdieron un promedio de veinticuatro libras de peso corporal. Nueve de cada diez viven en la pobreza extrema, y aproximadamente 2,3 millones de personas han huido del país. Un millón de niños han dejado de ir a la escuela y no tienen acceso a una alimentación adecuada, por lo tanto, este hecho ha implicado el aumento de la mortalidad infantil.

En resumen, estamos presenciando la destrucción total del estado; incluida la toma de todos los poderes gubernamentales, ejecutivos, legislativos y judiciales. En manos de los dirigentes Castro-Chavistas, uno de los países más ricos del mundo ha quedado paralizado y devastado. Si nuestra Venezuela, hogar de las mayores reservas de petróleo del mundo, no hubiera caído en esta opresión, sería una de las áreas más importantes y ricas comparable a Dubái.

¡El comunismo es como el cáncer con células enfermas que aniquilan todo, y es difícil deshacerse de ellas! Hace veinte años, este cáncer entró en Venezuela con los comunistas castristas, los chavistas y algunos idiotas útiles. Regalaron nuestra herencia, nuestra gente, nuestra decencia, por unos pocos centavos. Como lo hizo Judas en la época de Cristo, ¡los chavistas dieron a su país para ser mancillado, destruido, saqueado y casi borrado del mapa! Traidores aborrecibles a su propia patria.

Una utopía Marxista que nunca existió

Hay un modelo que siguen todos los gobiernos socialistas del mundo. Es un manual de dictadura, autoritarismo y destrucción. Basta mirar las atrocidades y el genocidio que ocurridos durante la revolución bolchevique rusa, bajo Mao Zedong, Mussolini, Hitler, Fidel Castro y Chávez. Ahora Maduro sigue el plan.

En un estado socialista, la propiedad privada se destruye, se disminuye la calidad de vida, las libertades de prensa y las autoridades judiciales, legislativas y ejecutivas son secuestradas y permanecen en manos del Estado. El estado usa esto para su beneficio, para devastar y oprimir a las masas, que están rodeadas de asesinos y mercenarios. Esto cumple su misión, ya que todo se vuelve caótico, el estado productivo perece y todo se destruye. El comunismo crea decadencia. Después del socialismo del siglo XXI en Venezuela solo quedan ruinas.

Nunca más un país debería caer en el engaño de que el socialismo o el comunismo es algo que está de moda o representa un cambio positivo. Sin embargo, en muchos países vemos como la publicidad apoya los procesos comunistas creando iconos que confunden a las generaciones más jóvenes. ¡Representan solo la muerte y la destrucción, como podemos ver en todos los izquierdistas genocidas a lo largo de la historia! ¡Sus manos están manchadas de sangre, ya que esta ideología no funciona! ¡Debe perecer!

CAPITULO 3

El golpe que ocasionó una tragedia anunciada

En el año 1992 bajo el gobierno del presidente Carlos Andrés Pérez, a menudo referido como El Gocho, hubo una revuelta militar. Muchos venezolanos inocentes fueron asesinados por el movimiento dirigido por un oficial militar de bajo rango llamado Hugo Chávez, el cual era un resentido social tal como nacen todos los dictadores del mundo. Luego, Chávez fue encarcelado por el fallido golpe de estado.

Hugo Chávez Frías, ¿quién hubiera imaginado que este personaje nefasto, nacido en el seno de una familia clase media, estropearía para siempre el destino de nuestra amada Venezuela? ¡Nadie hubiera adivinado que su legado crearía la muerte y la destrucción de nuestros valores más sagrados! Chávez era como una serpiente venenosa que hipnotizó a muchos venezolanos para participar en lo que ahora se llama "chavismo".

La Biblia dice: "un árbol corrompido produce frutos malvados", así que cuando Chávez apareció por primera vez en el fallido golpe de estado, asesinando a personas inocentes, no fue una gran sorpresa que comenzaran a suceder cosas malas. Pero su momento fue el correcto, y muchos factores se unieron para permitir su ascenso. La gente estaba cansada de los viejos partidos políticos y necesitaba un cambio de lo que percibían como corrupción desenfrenada. La gente comenzó a rebelarse, y las protestas y los saqueos se hicieron comunes.

Con Chávez, Fidel Castro vio la oportunidad que había estado esperando durante décadas. Requerían un idiota útil para apoderarse de la incalculable riqueza de "El Dorado", como lo llamaban los indios en los tiempos ancestrales. Nuestro país era el segundo país donde más se recibía inmigración, millones de personas que escapaban de situaciones similares a las que ahora, como venezolanos nosotros enfrentamos. Los Castro vieron esto como una gran oportunidad y comenzaron a enviar espías entre los inmigrantes cubanos. En aquel entonces Chávez, por ese golpe de estado fallido, fue encontrado culpable y encerrado en la mazmorra de la que nunca debió salir para seguir con su legado de muerte y destrucción, pero el próximo presidente de turno Rafael Caldera lo indultaría.

Chávez, con la nefasta ayuda de los dos hermanos Castro, comenzó sus planes para reprimir, asesinar, crear hambruna y decadencia social, despojar nuestros recursos y violar nuestros derechos humanos. Su objetivo era robar la esencia de ser de todos los venezolanos de la misma manera que han violado al pueblo cubano de sus derechos humanos durante los últimos 60 años.

El manual de dictadura y autoritarismo fue entregado a Chávez para imponer este gobierno castro-comunista. Así nació la alianza de demonios llamada chavismo-castrismo, que embelesó a Chávez y que consistió en tu me das poder y yo te entrego las increíbles riquezas de Venezuela en una bandeja de plata. ¡El trato estaba cerrado! ¡Un día oscuro para nuestro país!

Chávez fue elegido presidente en 1998 en una plataforma socialista, comprometiéndose a utilizar la vasta riqueza petrolera de Venezuela para reducir la pobreza y la desigualdad. Pero tomó varias medidas que precipitaron una disminución larga y constante en la producción de petróleo del país, que alcanzó su punto máximo a fines de la década de 1990 y principios de la década de 2000. Su decisión de despedir a miles de trabajadores experimentados de PDVSA que habían participado en una huelga de la industria en 2002–2003 privó a la compañía de importantes conocimientos técnicos. A partir de 2005, Chávez proporcionó petróleo subsidiado a varios países de la región, incluida Cuba, a través de una alianza conocida como Petrocaribe. En el transcurso de la presidencia de Chávez, que duró hasta 2013, las reservas estratégicas de petróleo disminuyeron y la deuda del gobierno se duplicó.

Chávez también aprovechó su popularidad entre la clase trabajadora para expandir los poderes de la presidencia y acercó al país hacia el autoritarismo: puso fin a los límites de mandato, tomó efectivamente el control de la Corte Suprema, acosó a la prensa y cerró medios independientes y nacionalizó y expropió cientos de empresas privadas y activos de propiedad extranjera, como proyectos petroleros dirigidos por ExxonMobil y Conoco Phillips. Las reformas allanaron el camino para que Maduro estableciera una dictadura luego de la muerte de Chávez.

Inocentes almas en pena

Otro problema causado por el manual terrorista chavista se está gestando en las cárceles de Venezuela. Estas cárceles están llenas de presos políticos inocentes, niños menores, mujeres indefensas e incluso mujeres embarazadas. Estos son lugares donde se violan todos los derechos humanos y se olvida la decencia. ¡Estas personas son maltratadas y violadas, sin voz para expresar su indignación y sin poder para defenderse de la impunidad de un gobierno de asesinos sueltos!

¿Cuándo dejarán de tolerar estas aberraciones las autoridades gubernamentales de nuestro continente y del resto del mundo? Como en la Alemania de Hitler, el miedo se impone con impunidad y reina el terror. ¡El mundo mira a través de las redes sociales, pero no hace nada para detener las atrocidades! ¡Qué vergüenza!

Este libro está escrito para darle voz a todos las bellas almas patriotas que lo han perdido todo inclusive hasta la vida; los guerreros estudiantes que luchan por la libertad, las aguerridas madres, los presos políticos, los niños ángeles, los políticos que no se venden, los enfermos crónicos, los arriesgados periodistas, los abuelos heroicos, las mujeres valientes y bellas, nuestras incansables Universidades... mis compatriotas venezolanos que han sufrido a manos de todos esos asesinos que gobiernan Venezuela.

Muchos han dejado nuestro país. Algunos han emigrado, pero otros han sido asesinados, como nuestro valiente policía Oscar Pérez, que voló hacia la luz y ahora baila en el cielo con su coro de ángeles, ¡Dios le de descanso a su alma! Su legado de coraje y libertad vivirá para siempre en los corazones y las vidas de todos.

La tragedia de Venezuela no tiene nombre. La destrucción y la desintegración social reinan junto con la división de las familias. Los niños hambrientos se han convertido en carne de cañón para la prostitución infantil. Los bebés, las madres y los profesionales tampoco escapan de la prostitución para alimentarse. Las ejecuciones son comunes, como lo es la falta de alimentos y medicinas. Como en la Alemania de Hitler, en Venezuela los ciudadanos están privados de todo. No los llevan en tren a morir en las cámaras de gas, sino que los matan en silencio, o los dejan morir, en las esquinas y en las celdas. Esta tragedia es tan grande que 100 personas son depositadas diariamente en fosas comunes. Tirados en la parte de atrás del cementerio porque no hay otro lugar para enterrar a tantos. Es difícil de imaginar esta imagen dantesca de muerte y destrucción ... No tengo palabras.

CAPITULO 4

El país más violento del mundo

Venezuela en este momento lidera como el país con más violencia teniendo la segunda tasa de asesinatos más alta del mundo. Nadie quiere estar en esta lista nefasta, pero ahí estamos, a pesar de las marchas masivas y el rechazo del pueblo al gobierno comunista Castro-Chavista. Seguimos viviendo en esta dura realidad y no sabemos cómo terminar con este horror.

Parte del problema es causado por narcotraficantes mercenarios y criminales que se han apoderado del país. El gobierno ilegítimo fomenta el crimen y controla las bandas criminales de delincuentes liberados de sus celdas para asesinar y causar caos.

El crimen en Venezuela es generalizado, con crímenes violentos que crecen anuelamnete como el asesinato, el secuestro, las desapariciones, los ajusticiamientos de las personas que no están de acuerdo con el gobierno. Tras una prohibición de armas en 2012, los ciudadanos respetuosos de la ley están desarmados, pero los paramilitares, el crimen organizado de todo tipo, los castristas comunistas criminales y las redes criminales internacionales están fuertemente armados, lo que hace al pueblo sentirse indefenso. También hay delitos de supervivencia relacionados con la escasez y el hambre, con incidentes crecientes de saqueo en todo el país.

La mayor parte del crimen permanece impune según la Fiscalía General de Venezuela, con el 98% de los delitos en Venezuela que no resultan en enjuiciamiento. Venezuela se ha convertido en un caldo de cultivo para delincuentes y un estado de terror y narcotráfico del tipo más violento y horrible.

Un verdadero genocidio

Este régimen de delincuentes, mercenarios y narcotraficantes no tiene límite para su crueldad. Todos los opresores que buscan mantenerse en el poder utilizan las tácticas más sucias y dolorosas para controlar y poner de rodillas a las personas. Estas tácticas consisten en todo tipo de tortura: psicológica, mental y emocional. Para quebrar a las personas al producir miedo, miseria, hambre y recortar los servicios básicos. Aquellos que se rebelan o son encarcelados como presos políticos se ven obligados a comer sus propios excrementos para sobrevivir, o alimentos minados con gusanos. Las violaciones sexuales son comunes para mujeres, hombres e incluso menores de edad. Los golpean hasta dejarlos inconscientes, o los colocan en "la tumba", que es el apodo de un centro de detención completamente oscuro, iluminado solo con una pequeña luz fosforescente, día y noche.

El número de muertes y desapariciones causadas por este régimen en sus 20 años se calcula en aproximadamente un millón y medio de personas. Entre asesinados y desaparecidos, promedian aproximadamente 50,000 por año. En los últimos años han superado los 100.000 por año.

> ***genocidio**: sustantivo. El asesinato deliberado de un gran grupo de personas, especialmente las de un grupo étnico o nación en particular.*

La Convención de las Naciones Unidas sobre el Genocidio, establecida en 1948, define el genocidio como "actos cometidos con la intención de destruir, total o parcialmente, un grupo nacional, étnico, racial o religioso", incluido el daño sistemático o el asesinato de sus miembros, imponer deliberadamente condiciones de vida que buscan "provocar su destrucción física en su totalidad o en parte", evitando nacimientos o transfiriendo a la fuerza a los niños fuera del grupo a otro grupo.

Lo que pasa en Venezuela es genocidio en su verdadera definición. Más muertos que por las guerras en Irak y Afganistán combinados. Las antiguas tumbas de los cementerios están siendo cubiertas para que se puedan utilizar como fosas comunes para enterrar los cadáveres de hombres, mujeres y niños anónimos.

Cuando este régimen de terror desaparezca, sabremos el número real de los asesinados. Los responsables pagarán con términos de cárcel, como lo hicieron los seguidores de Hitler. Algunos nazis escaparon de la justicia y permanecieron ocultos por el resto de sus vidas en pequeños pueblos, pero ahora estamos globalizados y no habrá ningún lugar o país que oculte a los perpetradores de un genocidio moderno.

CAPITULO 5

El descanso eterno no pudo ser eterno

En el régimen Chavista, ni siquiera los fallecidos se salvan. Durante estos 21 años de comunismo, las tumbas de venezolanos e inmigrantes decentes fueron profanadas. Se han abierto tumbas, mausoleos de famosos y humildes, como Nuestro Libertador Simón Bolívar, y se han eliminado los restos. Se dice que una maldición atormentó a quienes profanaron la tumba de Bolívar porque todos murieron... ¿Coincidencia o venganza del más allá?, no lo sé. Se abrieron muchas tumbas para robar las joyas, el oro y cualquier recuerdo con el que fueron enterrados, y para hacer espacio para los millones de venezolanos que han sido exterminados por el régimen Chavista y principalmente por los Castro, ya que de allí es donde provienen las órdenes de matar.

Un periodista español fue al Cementerio del Sur y pudo constatar la tragedia de primera mano, pudo entrevistar a un trabajador del cementerio quien le mostró la verdadera cara de lo que pasa en los cementerios de Venezuela, pudo presenciar la llegada de camiones llenos de cadáveres desnudos cuyo destino son fosas comunes. La descripción de este periodista era tan vivida que narraba que el olor de los cadáveres era indescriptible, también le explicó que diariamente llegan los camiones con cadáveres y estos son arrojadas a las fosas comunes que luego son rellenadas con cemento. Estas almas que fueron victimas de la injusticia fueron borradas de la faz de Tierra y arrojadas al cemento sin nombre ni dolientes como una metáfora de las ruinas de Pompeya.

Del mismo modo que nunca sabremos la cantidad exacta de víctimas que murieron en el Holocausto Nazi, nunca sabremos la cantidad de muertos y desaparecidos arrojados por el Chavismos a fosas comunes selladas con cemento. Pido justicia para las víctimas y que los responsables sean encarcelados por sus crímenes contra la humanidad.

Este Holocausto debe parar

En la Primera y Segunda Guerra Mundial, los Estados Unidos tuvo que tomar una posición y liderar con la bandera de libertad. Se que es difícil, pero ¿Quién mas puede garantizar el orden y tiene el poder de proteger al mundo? Las otras potencias mundiales nunca han tomado la batuta.

Un saludo especial al presidente Donald John Trump y al presidente de Colombia Iván Duque Márquez por cuidar e intentar devolver la libertad y la justicia, y detener el asesinato. Tienen la fuerza y la voluntad de hacer avanzar a Venezuela y permanecer en los libros de historia.

Así como Bush aniquiló a Saddam Hussein y Obama persiguió a Osama Bin Laden, ahora le toca a Trump deshacerse de Maduro y enviar a su régimen mercenario y narcotraficante a la cárcel. El mundo se lo agradecerá. Estoy seguro de que hará lo correcto y prevalecerá la justicia.

CAPITULO 6

Ángeles volando al cielo

Una de las cosas más dolorosas de este Holocausto es ver a los bebés y niños indefensos partiendo a las manos de Dios. Desde el 2015 hasta el 2019, alrededor de quince a veinte mil niños por año han muerto debido a desnutrición, enfermedad, hambre, miseria, o asesinatos y desapariciones.

Al igual que la aniquilación de niños que tuvo lugar en el Holocausto de Hitler, solo nos queda el recuerdo de sus zapaticos, sus juguetes, sus sonrisas y las sombras de una vida que nunca se realizó. No es justo tanta injusticia a los ojos del mundo entero.

En el Holocausto de Hitler los niños eran blancos fáciles. Muchos niños ahora adultos debieron esconderse por años para poder sobrevivir. La forma de asesinatos era similar, los mataban de hambre o aniquilación. En el caso de Venezuela, se utiliza el mismo modelo de aniquilación y la situación se agrava a medida que pasan los días. En ambos casos me invade un sentimiento de impotencia por estos crímenes cometidos con impunidad. Espero que estos criminales y terroristas sean perseguidos al igual que los carniceros de Hitler.
Tenemos que rezar, ayudar y contribuir de cualquier manera para que se sepa la verdad y se haga justicia.

Y la muerte de nuestros hermosos niños no sea en vano. Y a todos esos angelitos que Dios y los querubines los tengan en el cielo. Dios bendiga a los niños de Venezuela.

La Tumba y el Helicoide

Hay dos nefastas prisiones en Caracas.

El Helicoide, o la espiral, alguna vez fue el símbolo de una nación rica y prometedora. Construido en la década de 1950 por Marcos Pérez Jiménez como el primer centro comercial de autoservicio del mundo, con rampas en espiral hacia las 300 boutiques planificadas en el complejo. Era tan grande que se podía ver desde cualquier parte de la ciudad de Caracas. Pero cuando Pérez Jiménez fue derrocado en 1958, este ambicioso proyecto se convirtió en un Elefante Blanco o una obra costosa que nunca se terminó.

Durante años, el edificio estuvo en gran parte vacío, pero en la década de 1980 el gobierno comenzó a transferir algunas agencias estatales a El Helicoide, incluidos sus servicios de inteligencia, ahora conocidos como el SEBIN. Desde entonces se ha convertido en un lugar de miedo y tortura, utilizado para detener tanto a delincuentes comunes como a presos políticos y disidentes al régimen.

Hoy en día, alberga una de las cárceles mas infames de Venezuela y representa el declive del país de la potencia latinoamericana a una zona de crisis y destrucción.

El Helicoide es una prisión donde toman a nuestros héroes, estudiantes y presos políticos. Es el hogar de alguna de las peores torturas que los seres humanos pueden soportar. Las estrechas habitaciones de 12 x 12 metros tienen alrededor de 50 prisioneros en condiciones de calor y sin aire. Sin luz, sin agua, sin inodoro, sin saneamiento y sin camas. Las paredes manchadas de sangre y excrementos.

A un reportero de la BBC le dijeron que los prisioneros podían pasar semanas allí sin ducharse, orinando en botellas de plástico y defecando en bolsas plásticas. Un ex detenido le dijo a la BBC: "Me cubrieron la cabeza con una bolsa. Fui golpeado, pateado y sometido a descargas eléctricas en la cabeza, los testículos y el estómago.

La prisión apodada la Tumba, es un lugar oscuro y aterrador donde los presos políticos, la policía y los militares disidentes están encerrados en pequeñas habitaciones sin luz. En ambos lugares, el agua y los alimentos que les proporcionan están contaminados con gusanos, y los prisioneros son constantemente los golpeados hasta que pierden el conocimiento. Los golpean especialmente en el área de la cabeza para producir daño cerebral. Enfrentan además del aislamiento, extorsión, intimidación y amenazas a sus familiares. Cubiertos de graves lesiones y contusiones, a menudo también son violados varias veces y se dejan morir de hambre en la oscuridad. Algunos recurren a comer sus propias heces para sobrevivir, o los rocían con pistolas de agua que contienen orina o excrementos. Dicen que hay niños que son golpeados y violados sexualmente todos los días. Es una tragedia y una imagen dantesca.

No tienen acceso a sus familias o abogados. Se ven privados de toda atención médica y necesidades, ya que se pudren en las celdas mientras el sistema los olvida o retrasa los procesos legales y reúne evidencias falsas. Como el caso de Leopoldo López cuyo único delito fue hablar en contra de la injusticia y luchar por la libertad. Con reminiscencias de los campos de exterminio de Hitler, después de ser torturados a menudo fueron asesinados.

Que Dios proteja a los que injustamente han sido recluidos en este aborrecible lugar de demonios, y a los que han fallecido, que Dios los tenga en la luz. Cuando pienso en esta realidad como venezolana, me llena de ira y tristeza el pensar en todos esos valientes y talentosos estudiantes y presos políticos. Estas mentes brillantes de nuestra Venezuela en lugar de contribuir al crecimiento de nuestra patria están recluidas y en manos de mercenarios sin haber cometido ningún delito. Alguien tiene que detener esto porque son crímenes contra la humanidad.

Estas torturas tienen que parar. ¿Dónde están las Naciones Unidas? ¿Hablaran por las violaciones de los derechos humanos a nuestros estudiantes y prisioneros políticos? Después de 20 años de este Holocausto, ¿dónde está la representante de los derechos humanos, Michelle Bachelet? ¿Le importa el problema de Venezuela y violación constante a algún organismo internacional? ¿No se supone que la ONU debe proteger a los países miembros? Preguntas que quedan en el aire.

Terminó este capitulo enviando la luz de Dios y el Espíritu Santo a todos mis compatriotas que están en cautiverio. Fuerza y Fortaleza. Amén.

CAPITULO 7

Una pesadilla de la cual no podemos despertar

Los sentimientos me invaden; dolor ansiedad y pérdida por las peores injusticias y violaciones que han ocurrido en los últimos años. El hambre y la miseria son comunes matando a miles cada día. La maldad ha sacudido nuestro pueblo, familias y gentilicio. Me pregunto cómo puede existir tanta bajeza humana de parte de este gobierno de izquierda que han dado la espalda a quienes deberían defender.

A veces me pregunto si esto fue un aprendizaje que nos tocó vivir y después de la oscuridad siempre viene la luz.

Pero no es fácil ver partir a tantas almas inocentes, particularmente las de mujeres y hombres valerosos y, sobre todo, niños inocentes incluyendo a nuestros valientes y talentosos estudiantes. Cuando un país termina en manos de dictadores autoritarios y asesinos como Chávez y Hitler, este es el resultado final. Pero la humanidad nunca aprende y tristemente la historia se repite una y otra vez.

Una Masa Crítica

Este holocausto moderno también ha causado una avalancha de personas que huyen para sobrevivir. Así como los judíos durante la segunda Guerra mundial fueron diseminados por todo el mundo, los venezolanos están migrando para escapar de las condiciones de miseria y genocidio que están aniquilando a una masa critica en mi amada Venezuela.

Más de cuatro millones de venezolanos han abandonado el país en los últimos años. Debido a la desesperación el hambre y la miseria que soportan sus familias, están buscando seguridad y estabilidad en otros países, pero esta masa crítica de migración está cambiando y contribuyendo a la economía mundial, a medida que el talento venezolano, salido de las mejores universidades del mundo, se extiende por América Latina, España, Estados Unidos y el resto del mundo.

Esta acelerada "fuga de cerebros" es otro daño hecho al futuro de nuestro país, porque nuestro talento se ha ido a buscar pastos más verdes o un mejor futuro. Ahora encontramos, ingenieros, arquitectos, médicos, abogados, financistas y genios de informática con altas certificaciones trabajando como *valet parking*, limpieza, taxistas, niñeras, vendedores ambulantes o cualquier otro oficio que pague las cuentas.

Pero no es fácil comenzar de nuevo. Pienso que son valerosos los que lo hacen tal como lo hicieron sus abuelos, mucho de ellos inmigrantes europeos que salieron adelante después de la segunda Guerra mundial y se alojaron en Venezuela, tierra de oportunidades en aquel momento. También hay peligros latentes al viajar a una nueva tierra en la desesperación, así que nuestros jóvenes se han convertido en presa fácil para los depredadores y delincuentes que aprovechan la situación para capturarlos para la prostitución, la trata de niños y mujeres. Qué triste realidad la que enfrentan nuestros valientes jóvenes y mujeres que son los grupos más vulnerables, en donde quiera que se encuentren que Dios los proteja.

En palabras claras, están masacrando a nuestros jóvenes. Ha habido casos terribles como el de la niña que fue desfigurada por un hombre desequilibrado en Perú. Ella logró escapar, pero las cicatrices en su rostro permanecerán para siempre. Otras chicas han sido rescatadas de las redes de prostitución, como la que se encontró recientemente en Brasil. Los trabajadores también pueden ser victimas de aquellos que se aprovechan de su situación y no les pagan por el trabajo que realizan.

Nosotros, los venezolanos somos un pueblo que tenemos un gentilicio de felicidad, en tiempo pasados siempre recibíamos a todos los inmigrantes con los brazos abiertos y con una sonrisa en nuestros labios. Pero a pesar de la adversidad que atravesamos actualmente debemos aprender de nuestros errores y ser mejores cada día, y cuando llegue el momento, poder reinventarnos una vez más y volver a nuestro país y poder contribuir a la reconstrucción.

Mi esperanza es que Venezuela sea lo que fue y recoja en sus alas a todos los desplazados por la violencia para regresar a su tierra natal.

Nuestros animales exterminados

En Venezuela además de la tragedia de nuestra población, también existe otra tragedia que nadie ha contado en medio de este caos humano; nuestras mascotas y animales están pereciendo.

Las personas no pueden encontrar comida para ellos mismos, y mucho menos han podido alimentar a sus mascotas. Nuestros adorables cachorros y gatitos, nuestras aves y también los animales del zoológico han terminado abandonados o muertos cuando sus dueños y cuidadores se han ido.

Muchos animales han tenido que ser sacrificados. Los leones, pumas, jaguares, elefantes, pájaros exóticos presentan un cuadro de severa desnutrición. Algunos de estos animales son especies en peligro de extinción. La situación es lamentable.

Deberíamos pedir a las autoridades internacionales que pongan fin a esta tragedia. Si calculamos que millones de venezolanos han muerto y la mayoría de ellos tenían mascotas, estamos hablando de un número significativo de animales y mascotas que han perecido.

La tragedia de nuestros indios Pemones.

Fue difícil decir adiós a nuestros indios del amazonia de la etnia Pemón los que se han convertido en las últimas de las víctimas. ¿Hasta cuando tendremos que ver la sangre derramada de nuestros hermanos venezolanos a manos de delincuentes y terroristas?

Los Pemones fueron acribillados por protestar por los derechos básicos como la comida, la medicina y el agua. Nadie en el mundo puede justificar la maldad del gobierno de Maduro al usar armas contra los pueblos indígenas. Esperemos que pronto se haga justicia y Maduro y su régimen paguen por estas matanzas.

Este grupo étnico se remonta al comienzo de la humanidad en el continente americano y ha vivido durante muchas generaciones en el Amazonas. Las comunidades de la tribu, de más de 30.000, viven en un territorio que cubre áreas del estado venezolano, estado Bolívar, Brasil y Guyana. Para los Pemones las espectaculares montañas de cima plana, llamados Tepuyes, y cascadas como El Salto Ángel son sagradas. Muchas de las plantas que crecen en la cima de la montana no se encuentran en ningún lugar de la tierra. Biológicamente diverso, el parque nacional que alberga a los Pemones también contiene una serie de especies en extinción, como osos hormigueros gigantes, nutrias y jaguares. Esta zona también esta siendo deforestada por concesiones del gobierno de Maduro y están destrozando el ecosistema. Esto tiene que parar. Aunque los Pemones fueron indios Guerreros en el tiempo de antaño, ahora son una comunidad amigable y hermosa en la que el mal no tiene lugar.

Pero en 2019, las fuerzas paramilitares armadas y prisioneros liberados recibieron la misión de reprimir a los pueblos indígenas que se resistieron al control de Maduro. La ciudad de Santa Elena de Uairén fue tomada por los soldados y su orden fue llevar a cabo, una masacre. Cientos de familias de Pemones han buscado refugio en los bosques y colinas circundantes. Este grupo ha sobrevivido durante siglos, pero ahora mueren de la mano de quienes le debían protección; un gobierno de criminales y asesinos a sueldo. El gobierno Chavista debe pagar por esta masacre de almas inocentes.

Una serpiente sin cabeza

El Chavismo del siglo XXI está acéfalo como una serpiente sin cabeza para ir hacia la derecha o hacia la izquierda. Mientras más hambre y miseria, más los chavistas se aferran a su causa fallida. La decadencia social y la división sin precedentes es tan grande que los políticos, los vecinos e incluso las familias corren en diferentes corrientes: los chavistas y la oposición. Y en medio de este caos tenemos a familias enteras pereciendo en la peor crisis humanitaria de la historia de Venezuela.

Un trillón de seguidores

Todos los venezolanos dispersos por el mundo y muchos ciudadanos de otros países con decencia y moral siguen esta situación por las redes sociales. La realidad venezolana supera cualquier película de terror. El termino "Venezuela" ha sido tendencia mundial miles de veces. Nunca habríamos querido estar en esta lista por violencia, mientras observamos este holocausto moderno con impotencia. Como por ejemplo el caso de Oscar Pérez y sus compañeros, entre ellos una adolescente asesinada con su bebé en el útero, quienes fueron asesinados mientras las imágenes se transmitían en vivo. Hubo charcos de sangre ante los ojos asombrados del mundo durante la emboscada criminal y premeditada.

El video del violinista Wuilly Arteaga y su concierto en medio del caos y bombas lacrimógenas durante las protestas en Caracas y su posterior reclusión a manos de un grupo de funcionarios, rápidamente se volvió viral. Podemos encontrar incontables videos e historias del caos; gases lacrimógenos en medio de ellos los estudiantes incendiados, asesinados y violados ante los ojos del mundo. ¿Dónde están las organizaciones de derechos humanos? En estos casos las organizaciones de derechos humanos hacen caso omiso de las violaciones que se comenten.

Imágenes de niños desnutridos semejantes a los de Somalia, muriéndose de hambre, con estimaciones de hasta 100.000 niños muertos. Mujeres asesinadas, violadas y prostituidas, destruidas por la trata de personas. Los militares disidentes torturados en vivo en Instagram, Facebook, y Twitter y los gobiernos todavía están esperando. ¿Cuántos venezolanos mas deben morir en este estado de aniquilación y muerte? Y el mundo espera y espera. ¿Se supone que las Naciones Unidas deben intervenir, o simplemente están para conversar y perder el tiempo? ¿Quién se supone que protege a los ciudadanos del mundo?

Este estado terrorista es un peligro para sus países vecinos como Chile, Colombia, Argentina, Bolivia, Ecuador y Perú y los Estados Unidos que ya están viendo los estragos que produce la tendencia comunista. Algún organismo del mundo o país con la suficiente valentía y decencia tiene que detener este Holocausto. Ya es suficiente.

CAPITULO 8

La foto completa

La política puede ser un organismo dañino y decadente cuando se usa específicamente como instrumento de poder. El dictador usurpa para si mismo el poder destinado a proteger la tierra, los recursos y las personas. Su egoísmo crea un peligroso efecto mariposa eliminando la seguridad del ciudadano y penetrando en todos los aspectos de la sociedad.

Incluso cuando solo se observa desde lejos, la exposición a esta realidad puede dejarnos con un fuerte sentimiento de desesperanza o impotencia o incluso cuestionar la voluntad de Dios.

La vida nos presenta muchos desafíos, circunstancias y frustraciones con las que todos estamos luchando en este mundo. Si recordamos elevar nuestra conciencia y entender que solo es una ilusión, entonces el mundo material y las calamidades parecen menos desalentadoras. Cuando buscamos razones y significados podemos entender que nada de nuestra esencia, como nuestra felicidad o nuestra alma, que la biblia dice que es perfección, puede ser amenazada. Ninguna de las circunstancias de la vida puede afectar nuestra luz y nuestra esencia. No importa lo que pase a nuestro alrededor, debemos mantener nuestra fe elevada y seguir el plan y la perfección de Dios.

El Macondo de Latinoamérica

Así como nuestro extraordinario Gabriel García Márquez premio de nobel de Literatura en su renombrado Cien Años de Soledad describió la ciudad ficticia de Macondo, esta renació de las paginas de este libro a una realidad que cien años después parece que se hubiera escrito de la realidad venezolana. Sus palabras son mas verdaderas que cien anos atrás. Cito alguna de ellas:

"Sin embargo, frente a la opresión, el saqueo y el abandono nuestra respuesta es la vida. Los diluvios, las pestes, las hambrunas, los cataclismos, ni siquiera las guerras eternas por los siglos de los siglos consiguieron reducir la tenaz de la vida sobre la muerte."

Qué impresionante leerlo, Macondo parece el vaticinio de la ultrajada realidad venezolana, parece que entre sus páginas estuviéramos leyendo la triste realidad por la que atraviesa Venezuela, pero multiplicada por cien.

Qué dolor que un país tan pujante y majestuoso haya sido devastado en manos de mercenarios. Como venezolana tengo esperanzas de que esto acabe pronto y volvamos a ser uno de los mejores países del mundo. Como dice el dicho *No hay mal que dure cien años.*

En un futuro veremos la Venezuela del progreso, de la decencia, de la luz, pronto aprenderemos de nuestros errores y nos moveremos hacia el futuro. Hago una oración especial, pido la luz para Venezuela por el bien mayor y los más altos fines. La luz de Dios lo inunda todo, así visualizo a mi Venezuela.

La Justicia toma tiempo, pero llega

Para los Estados Unidos el gobierno de Venezuela representa una cuestión de seguridad nacional porque se encurta a solo tres horas en avión y los rusos y chinos se encuentran apostados allá. Alguien debe detener este peligro inminente que tenemos tan cerca porque Venezuela se ha convertido además en un narco estado. No se trata de liberar a Venezuela sino de prevenir un conflicto mayor en el futuro.

Que Dios guíe a una coalición internacional para terminar con este narco estado como lo hicieron con Noriega. Creo que el presidente Donald Trump puede ser el hombre con la fuerza y la mano dura para poner fin a este flagelo del comunismo.
Que así sea.

Ni uno más

Me gustaría expresar mi descontento con la apatía del mundo hacia el Holocausto que tiene lugar en

Venezuela. No es posible que el mundo se comporte de esta manera ante la injusticia, donde se han violado todos los derechos humanos. Me pregunto: ¿cual es el papel de la OEA, de las Naciones Unidas en el mundo, solo ir de una reunión a otra y nunca accionar? o ¿el papel de las Naciones Unidas es proteger y velar por la libertad y la democracia?

El mundo no puede continuar así. Alguien tiene que salvar a los países en desgracia. Tenemos que ayudarnos los unos a los otros como seres humanos con decencia y valores. Estados Unidos, del que me enorgullece pertenecer lleva la bandera para garantizar el bienestar del mundo, pero es una carga pesada porque a menudo, como en el caso de Venezuela, tiene que haber una coalición de países que protejan las leyes de la humanidad o simplemente la decencia.

Las autoridades internacionales deben actuar ahora para ayudar al pueblo de Venezuela. Necesitamos agua, alimentos, medicinas, seguridad y el fin de esta masacre. Los venezolanos ya no pueden sufrir para que un pequeño grupo de criminales cubanos, venezolanos e internacionales puedan tomar todo lo que queda de valor y despojar de las riquezas que no les pertenecen. Esto debe parar.

CAPITULO 9

La esperanza es lo último que se pierde

Comienzo diciendo que la esperanza es lo último que se pierde, tengo fe de que la luz vuelva a renacer, dicho esto, estoy tan orgullosa del pueblo venezolano que ha marchado por 20 largos años y nunca ha perdido la esperanza. Es un pueblo bravío y tenaz, ni las guerras en la que la han mantenido ni la represión, la persecución, el genocidio, han podido doblegar la voluntad de este valiente pueblo. Por eso dice nuestro himno nacional, *Gloria al bravo pueblo que el yugo lanzó, la ley respetando, la virtud y honor*. Así es nuestro pueblo.

Y como sigue diciendo nuestro himno:

Abajo cadenas...

... y en la fuerza está en la unión

Esa es la clave. Los compatriotas se unen como uno.

Estoy orgullosa de ser venezolana y espero volver algún día a casa. Este libro es mi pequeña contribución y espero mostrarle al mundo lo que está sucediendo en Venezuela.

Invoquemos la Luz de Dios nuestro creador, coloquemos columnas de luz en cada rincón del planeta y dejemos que se multiplique por mil hasta que la oscuridad no tenga lugar. Por el bien mayor y los mas alto fines, que así sea Amén.

Marcha por la Libertad

Admiro y me llena de orgullo que mis compatriotas tengan tenacidad y constancia ante la adversidad, y nunca se hayan rendido en 20 años de dictadura. Qué pueblo tan valiente, como nuestro himno nacional, *Gloria al bravo pueblo.*

Nos atropellaron, nos oprimieron, nos violaron, arrojaron gases lacrimógenos, casi nos matan de hambre, miseria, nos enfermaron, nos quitaron lo básico para vivir; agua, comida, medicamentos, nos quitaron la electricidad durante meses, pero no ha derrotado a nuestra gente, todavía están luchando. Su voluntad es inquebrantable. Esta vez tenemos una esperanza llamada Guaidó.

Tenemos la esperanza de salir de esto y el fin de esta dictadura está cerca.

Hemos visto el coraje en los rostros de nuestros estudiantes hermosos y valientes, que han dado su vida por creer en la libertad, pero nunca serán olvidados. Algunos murieron con su rosario en la mano.

Una mención especial a nuestro guapo y valiente policía Oscar Pérez quien dio su vida por creer en la libertad. Y para nuestros presos políticos como Requesens y Leopoldo López por mencionar algunos, ejemplos de valentía y mentes poderosas. Para todos los valientes guerreros en cualquiera de nuestras cárceles, su único delito es expresar su opinión Para todos nuestros estudiantes valientes guerreros que se sacrificaron por nuestra libertad.

Un reconocimiento especial a las mujeres, madres y abuelas, nuestras reinas de belleza, con la capacidad de amar y luchar por lo que quieren. Mis respetos a los que han muerto, su sangre no será en vano y a los que continúan luchando. Que Dios y los ángeles los protejan.

Me hacen orgullosa de ser venezolana. Que Dios bendiga y proteja a los venezolanos donde quiera que se encuentren.

Un nuevo amanecer

Sueño con despertar un mañana en Caracas y ver El Ávila. Tomar el teleférico, ir al Junquito o a la Colonia Tovar con sus casitas al estilo alemán, comer fresas con chocolate. Sueño con pasear por una

Caracas moderna y hermosa, caminar por el Obelisco, visitar la casa de Simón Bolívar, el Teatro Teresa Carreño uno de los teatros más modernos y sofisticados del mundo donde tuve el placer de ver a Placido Domingo y nuestras hermosas filarmónicas de Venezuela, ir al Parque Central y sus edificios que se asemejan a las Torres Gemelas, el Parque del Este o visitar los Próceres monumento en honor a nuestros libertadores.

Sueño con la Caracas de antaño, la de Andrés Bello, la de Simón Bolívar, la Caracas de los valores, el coraje, el honor, las tradiciones, los Cuatros, las Maracas y el Joropo, la Caracas de Luis Silva, de Gualberto, de María Teresa Chacín, la de Simón Díaz y su Caballo Viejo, la Caracas de los valses y las bellas voces en todas las diferentes corales, porque si que hay talento musical en Venezuela, la amistad, el compañerismo y el honor. Los militares con valores y prestigio, jurando honestidad y sobretodo honor, rectitud y amor al país. La Caracas de la felicidad y las sonrisas amistosas. Los Roques y sus hermosas playas y amaneceres, el Roraima y el Salto Ángel, los Médanos de Coro, Maracaibo y el Catatumbo.

Sé que todavía está allí… catapultada como la imagen del Buda escondido dentro del barro. ¿Puede Venezuela despertarse de este estupor y renacer de sus cenizas y vencer el mal?

No habrá democracia sin intervención

Me gustaría referirme a las medidas que la comunidad internacional liderada por la OEA y los Estados Unidos deberían tomar para poner fin a este genocidio. Este gobierno de criminales nunca va a renunciar, la única salida es por la fuerza o la intervención militar. Hitler, Noriega y Hussein tuvieron que ser expulsados porque los delincuentes son cobardes y saben lo que les espera cuando caen; muerte o encarcelamiento. Como no tienen nada que perder, permanecen y terminan destruyendo a la población que han oprimido.

En el caso de Venezuela y su gobierno de criminales, la magnitud de la tragedia se multiplica porque estamos hablando de 31 millones de venezolanos que sufren dentro y fuera del país.

Espero que este libro logre crear conciencia sobre lo que hay que hacer y abra los ojos de las autoridades internacionales. Les pedimos que eliminen estas peligrosas células de crimen organizado financiadas por petrobolívares, una criptomoneda respaldada por petróleo, gas, oro y diamantes. Esta situación esta afectando a toda América y es un problema de seguridad para los Estados Unidos y para todos los países latinoamericanos. Algún líder del mundo tiene que tomar la decisión que los venezolanos no pueden tomar porque están secuestrados y amenazados.

Rezo por el nuevo presidente Juan Guaidó y todos los políticos venezolanos decentes. Junto con todos los sectores de la sociedad venezolana podremos reconstruir nuestro país. Que así sea. Amén.

Un nuevo despertar

Sueño con una Venezuela hermosa, de caras sonrientes, abundancia, paz, recuperación y aprendizaje de nuestros errores. Sueño con la Venezuela de los valores, amor, amistad y seguridad. Una Venezuela restaurada y renacida, el país de nuestros abuelos, hijos y nietos. Una Venezuela moderna y próspera, con industrias, producción y turismo. Una Caracas moderna y progresista como Dubái.

Lo sueño y así será. Esta distorsión por la que estamos pasando tiene que terminar, así como la vida nace y muere, este régimen Comunista tiene que perecer. Así como Hitler, Mussolini y Chávez murieron, así como Hussein se escondió como una cucaracha en un agujero, o como Bin Laden fue aniquilado, este movimiento tiene que acabar.

Sueño con recuperar nuestro país y que todos los que emigraron puedan regresar a su tierra natal. Sueño con la unidad para nuestro pueblo, el progreso, una Venezuela triunfante, con abundancia, prosperidad,

valores y fe. La Venezuela con la que todos soñamos.
Que así sea.

CAPITULO 10

Una esperanza llamada Guaidó

Juan Gerardo Guaidó Márquez es un destacado político venezolano, presidente de la asamblea nacional. Asumió el arduo y valiente trabajo de presidente interino cuando ocurrió un vacío de poder. Junto con otros valientes políticos y militares lidera un movimiento para el cese de la usurpación y la restauración de los poderes públicos venezolanos.

Guaidó ha sido una voz fuerte contra las injusticias cometidas en nombre del Socialismo. Es un activista y socialdemócrata que fundó el partido Voluntad Popular con Leopoldo López. López a su vez, es un político venezolano que se convirtió en preso político, aunque su único delito fue alzar su voz contra la injusticia.

En 2019, Guaidó fue designado por el Partido Voluntad Popular para convertirse en el presidente de la Asamblea Nacional de Venezuela, después de lo cual fue declarado presidente interino de Venezuela, desafiando la presidencia de Nicolás Maduro y comenzando la crisis presidencial venezolana de 2019.

Al afirmar que el resultado de las elecciones presidenciales venezolanas de 2018 fue ilegitimo y basado en el articulo 233 de la Constitución de

Venezuela, Guaidó declaró el 23 de enero de 2019 que era presidente en funciones. Posteriormente, ha sido reconocido por muchos países que buscan la libertad para Venezuela. Su esposa, Fabiana Rosales, es una activista que también recorre muchos países en busca de apoyo para la causa de la libertad.

En respuesta a esto, la administración de Maduro la cual mantiene el control de las principales instituciones gubernamentales y militares en Venezuela, prohibió a Guaidó abandonar Venezuela, congeló sus activos en Venezuela, lanzó una investigación acusando a Guaidó de interferencia extranjera y lo intimidó. Pero Guaidó ha demostrado un gran coraje y no han logrado disuadirlo.

El presidente Guaidó viaja por Venezuela y habla con todos los ciudadanos sobre la libertad y el cese de la usurpación. Sus acciones han incluido la proposición de un Plan País, una ley de amnistía para el personal militar y las autoridades que se vuelvan contra el gobierno de Maduro, y los intentos de entrega de ayuda humanitaria al país. Con respecto a los asuntos internacionales, ha recibido el control de algunos activos y propiedades venezolanas en los Estados Unidos y ha designado a diplomáticos que han sido reconocidos por gobiernos que lo apoyan.

Guaidó y su esposa Fabiana Rosales representan nuestra esperanza para el futuro. Forman parte de la generación que trabajará para el país y brindará un alivio muy necesario a nuestros jóvenes emprendedores y profesionales. Nuestra gente tiene sed de cambio y libertad para nuestro país y desea poner fin a este genocidio que enfrenta Venezuela. Que Dios los proteja a ellos y a su pequeña hija.

ACERCA DE LA AUTORA

Maryrene Gomez-Secalic nació Caracas, Venezuela y en 1997 se traslada a los Estados Unidos donde encontró su segundo hogar. Como experta en Marketing y Ventas ha recibido varios certificados en liderazgo y comunicación. Estudio Finanzas y Administración de Empresas en el Colegio Universitario de Caracas. Es autora y emprendedora. Maryrene dice de si misma que está "felizmente divorciada" y que tiene una hija y dos nietas Arianna y Ariella, que son sus dos "hermosas princesas". Actualmente vive junto a su perro Bayly en el sur de la Florida disfrutando de sus hermosas playas, los días soleados y las maravillosas puestas de sol.

"Dios bendiga América"

Made in the USA
Columbia, SC
04 February 2021

32337567R00040